Heidi Rose

Feste und Bräuche im Kirchenjahr mit Kindern erlebt

Mit Illustrationen von
Yvonne Hoppe-Engbring

Verlag Butzon & Bercker Kevelaer

Die Deutsche Bibliothek – CIP-Einheitsaufnahme

Die Deutsche Bibliothek verzeichnet diese Publikation in der Deutschen Nationalbibliografie; detaillierte bibliografische Daten sind im Internet über http://dnb.ddb.de abrufbar.

Das Gesamtprogramm
von Butzon & Bercker
finden Sie im Internet unter
www.engagementbuch.de

ISBN 3-7666-0525-9

© 2003 Verlag Butzon & Bercker D-47623 Kevelaer
Alle Rechte vorbehalten
Umschlaggestaltung: Yvonne Hoppe-Engbring, Steinfurt
Satz und Layout: Elisabeth von der Heiden, Geldern

INHALT

Was du in diesem Buch entdecken kannst	4
Advent	6
Barbaratag	8
Nikolaustag	10
Weihnachten	12
Erscheinung des Herrn – Epiphanias	16
Darstellung des Herrn	18
Karneval – Fasching – Fastnacht	20
Aschermittwoch	22
Fasten- oder Passionszeit	24
Palmsonntag	26
Gründonnerstag	28
Karfreitag	30
Karsamstag	32
Ostern	34
Christi Himmelfahrt	38
Pfingsten – Dreifaltigkeitssonntag – Sonntag Trinitatis	40
Fronleichnam	42
Johannisfest	44
Mariä Himmelfahrt	46
Erntedankfest	48
Reformationstag – Buß- und Bettag	50
Allerheiligen – Allerseelen – Totensonntag	52
Martinstag	54
Christkönigsfest – Ewigkeitssonntag	56
Uhr durchs Kirchenjahr	56

Was du in diesem Buch entdecken kannst

Feste im Kirchenjahr

Mit dem Advent, der Zeit der Vorfreude auf das Geburtsfest von Jesus, beginnt für uns Christen das Jahr der Kirche.
Im Laufe des Kirchenjahres feiern wir unseren Glauben mit vielen großen und kleinen Festen: Weihnachten, Ostern und Pfingsten sind einige wichtige kirchliche Feste.

Fast alle Feste feiern wir in der katholischen und evangelischen Kirche. Einige haben nur verschiedene Namen. So ist zum Beispiel der Dreifaltigkeitssonntag bei den evangelischen Christen der Sonntag Trinitatis.
Feste wie Fronleichnam oder Allerheiligen kennen wir nur in der katholischen Kirche. Der Reformationstag oder der Buß- und Bettag werden dagegen nur in der evangelischen Kirche gefeiert.

Am letzten Sonntag im November geht das Kirchenjahr zu Ende. Bei den katholischen Christen heißt dieser Tag „Christkönigssonntag", bei den evangelischen „Ewigkeits- oder Totensonntag".

Bräuche im Kirchenjahr

Besonders schön wird die Zeit durchs Kirchenjahr erst durch die zahlreichen Bräuche. Der Adventskranz oder der Christbaum gehören dazu. Oder das Osterfeuer oder die Ostereier. Weiter im Jahr sind es die Kräuterweihe oder der Martinszug.

Viele dieser Bräuche kennst du sicher, andere vielleicht nicht. Das liegt daran, dass es manche nur in bestimmten Gegenden oder nur in katholischen oder evangelischen Gemeinden gibt. Manchmal sind auch ihre Namen unterschiedlich.

Wichtig aber ist vor allem, dass wir das Brauchtum „brauchen". Denn es hilft uns, die Feste und den Glauben besser zu verstehen und mit all unseren Sinnen zu erleben. So wird jedes Fest zu einem ganz besonderen Fest, das mit keinem anderen verwechselt werden kann.

ADVENT

Warten macht Spaß

Endlich ist er da, der Advent. Vier Wochen Zeit, sich zu freuen und auf die Ankunft von Jesus zu warten. Sonst ist Warten langweilig, doch im Advent macht mir das Warten richtig Spaß. Mama und Papa nehmen sich mehr Zeit als sonst. Wir basteln und backen gemeinsam. Wir singen und hören Geschichten. Und jeden Morgen laufe ich gespannt zu meinem Adventskalender … Was wohl heute drin ist?

Advent heißt Erwartung

Das Wort „Advent" kommt aus der lateinischen Sprache. Es bedeutet Ankunft, Erwartung. Wir erwarten freudig die Ankunft des Gotteskindes. Vier Wochen dauert die Adventszeit. Dann feiern wir Weihnachten, das Geburtsfest von Jesus.

Im Alten Testament der Bibel kannst du viel über das Warten und Hoffen auf einen Retter, einen Erlöser und Heiland lesen. Die Menschen waren überzeugt: Gott wird einen Messias, einen König über alle Könige, schicken. Wie ein Licht, das die Dunkelheit erhellt, kommt er in diese dunkle Welt. Er wird die Menschen frei machen von Schuld, Leid und Trauer.

Der Adventskranz erzählt von dieser Hoffnung der Menschen. „Erfunden" hat ihn ein evangelischer Pfarrer vor mehr als 150 Jahren. Jeden Tag ließ er eine Kerze auf einem großen Tannenkranz entzünden, bis am Heiligen Abend 24 Kerzen brannten. Später nahm man nur noch 4 Kerzen, für jeden Sonntag im Advent eine. Seit dieser Zeit gibt es den Adventskranz in den meisten Familien, und auch in jeder Kirche hängt einer. Hör einmal zu, was er dir erzählen möchte …

Grün ist die Farbe der Hoffnung. Auf Gott darfst du hoffen und vertrauen. Er erfüllt sein Versprechen. Gottes Liebe umfasst alle. Sie hat keinen Anfang und kein Ende. Daran erinnert der runde Kranz.

In vielen Kirchen schmücken violette Schleifen den Kranz. Violett ist die Farbe der Umkehr und der Sehnsucht. Macht euch bereit und erwartet freudig die Ankunft von Jesus!

Gott hat alle Menschen lieb. Er macht ihr Leben hell. Er schenkt ihnen Jesus, das Licht der Welt. Darauf warten wir im Advent. Oft sind die Kerzen und Schleifen rot, denn Rot ist die Farbe der Liebe.

Kerzen verzieren

Mit farbigen Wachsplatten kannst du die Kerzen adventlich verzieren. Ganz einfach geht's mit Plätzchen-Ausstechförmchen.

BARBARATAG

Am 4. Dezember

Nach der Schule gehe ich in den Garten. Ich schneide Zweige von unserem Kirschbaum oder vom Forsythienbusch. Über Nacht lege ich die Zweige in warmes Wasser. Am nächsten Tag stelle ich sie in eine Vase. Sie brauchen jetzt Wärme und Licht. Wenn ich es nicht vergesse, wechsele ich das Wasser alle drei Tage. Ob meine Barbarazweige am Weihnachtsfest wohl blühen?

Die heilige Barbara

Am 4. Dezember erinnert uns der Brauch der Barbarazweige an die heilige Barbara. Zu der Zeit, als die Christen verfolgt und getötet wurden, lebte Barbara mit ihrem Vater, einem reichen Kaufmann, in der heutigen Türkei. Als ihr Vater auf Reisen war, ließ Barbara sich taufen. Den Dienern befahl sie, ein drittes Fenster in den Turm zu brechen. Drei Fenster sollten das Zeichen für ihren neuen Glauben sein. Drei Fenster: eins für Gott, den guten Vater, eins für Jesus, seinen Sohn, eins für den Heiligen Geist, der ihr Mut für ihr neues Leben machte.

Als der Vater hörte, dass Barbara Christin geworden war, wurde er sehr wütend. Denn er hatte schon einen reichen Mann für sie ausgesucht. Den sollte sie heiraten. Um sie von ihrem Glauben abzubringen, sperrte er sie in einen finsteren Turm. Doch Barbara änderte ihre Meinung nicht. So übergab der Vater sie schließlich dem Gericht. Auf dem Weg ins Gefängnis verfing sich ein Zweig in ihrem Kleid. Barbara stellte ihn in einen Krug mit Wasser. Als sie zum Tode verurteilt wurde, war der Zweig aufgeblüht. „Du schienst wie tot", sagte Barbara. „Aber du bist aufgeblüht zu neuem Leben. So wird es auch mit meinem Tod sein. Ich werde erblühen zu neuem, ewigem Leben." Das alles erzählt die Legende. Um das Jahr 306 soll Barbara dann für ihren Glauben gestorben sein.

Wie eine Blüte …

Weihnachten erzählen uns die Blüten an den Barbarazweigen von Jesus. Wie eine Blüte ist er aufgeblüht in dunkler und kalter Nacht.
Und hat so Freude und Liebe zu uns gebracht.

Jeder kann wie eine Blüte sein. Auch du!
Öffne dein Herz für die Not der anderen!
Schenke Gottes Liebe und Freundschaft weiter!

Bunte Blumen aus Tonpapier können dich
daran erinnern. Mit einem Faden zum Aufhängen
sind sie ein schöner Schmuck für deine Barbarazweige.

NIKOLAUSTAG

Am 6. Dezember

Mein Nikolausstiefel ist bis oben hin gefüllt. Mit vielen leckeren Sachen. Mit Mandarinen und Äpfeln, mit Nüssen und Süßigkeiten. Sogar ein kleines Malbuch ist dabei. Gestern Abend habe ich den Stiefel vor die Tür gestellt. Wir haben „Nikolaus, komm in unser Haus" gesungen, und Papa hat vom guten Bischof Nikolaus erzählt.

„Wundertäter" Nikolaus

Bis heute lieben die Menschen den guten Bischof Nikolaus. Am 6. Dezember feiern sie den Nikolaustag. Nikolaus lebte im 4. Jahrhundert in der Stadt Myra, in der heutigen Türkei. Er hatte ein gutes Herz. Er half vielen, die in Not waren. Später wurde er Bischof von Myra. Viele Legenden erzählen von seinen guten Taten.

Einmal bewahrt Nikolaus die Menschen von Myra vor dem Hungertod. Er bittet den Kapitän eines Schiffes um Korn. Obwohl viel Korn aus dem Schiff getragen wird, nimmt die Ladung nicht ab. Die Menschen können Brot backen und werden wieder satt. Besonderes Nikolausgebäck – denk nur an die Weckmänner oder Brezeln – erinnern uns am Nikolaustag daran.

Ein anderes Mal beschenkt Nikolaus drei arme Mädchen mit Gold. Nachts schleicht er zu ihrem Haus und wirft drei gefüllte Beutel durch das geöffnete Fenster. Die Not ist zu Ende, und die Mädchen können heiraten. Auch wir hoffen, dass Nikolaus uns beschenkt. Am Nikolausabend stellen wir Stiefel oder Teller vor die Tür.

Nikolausstiefel backen

So wird's gemacht:

1. Backofen auf 200 Grad vorheizen
2. 6 Esslöffel Öl, 75 g Zucker, 1 Päckchen Vanillinzucker mit dem Knethaken verrühren
3. 150 g Quark, 1 Ei, 1 Prise Salz, 3 Esslöffel Milch, 300 g Mehl, 1 Päckchen Backpulver hinzufügen und Stiefel formen, Rand mit Mandeln oder Rosinen verzieren und mit Eigelb bestreichen
4. 10–15 Minuten backen

WEIHNACHTEN

Am Heiligen Abend

Am Heiligen Abend gehen wir zur Krippenfeier in die Kirche. Ich spiele den kleinen Hirten, der dem Jesuskind ein Licht als Geschenk bringt. Nach dem Gottesdienst ist zu Hause die Bescherung. Wir singen Weihnachtslieder. Mama liest die Weihnachtsgeschichte vor, und ich lege das Jesuskind in die Krippe. Dann packen wir die Geschenke aus …

Jesus wird geboren

Seit dem 4. Jahrhundert feiern Christen Weihnachten, den Geburtstag von Jesus, am 25. Dezember. Der Abend davor, der Heilige Abend, gehört schon dazu. Weißt du, was das Wort „Weihnacht" bedeutet? In der alten deutschen Sprache hieß es „wihe nacht", das bedeutet „heilige Nacht", und daraus wurde „Weihnacht". Keine Nacht ist so heilig wie die Nacht, in der Jesus geboren wurde.

Die Bibel erzählt, was damals geschah. Maria und Josef waren auf dem Weg nach Betlehem. Als sie dort ankamen, fanden sie keinen Platz zum Schlafen. Nur einen alten Stall. Dort brachte Maria ihren Sohn zur Welt. Sie nannten ihn Jesus, das heißt „Gott hilft". Später kamen Hirten, um das Kind zu sehen. Ein Engel hatte ihnen die Botschaft gebracht: „Gottes Sohn ist heute geboren. Er ist der Retter!" Als sie das Kind in der Krippe sahen, freuten sie sich sehr. Und sie erzählten allen, was sie erlebt hatten.

Anders als Worte es können, erzählen auch Weihnachtskrippe und Krippenspiele von der Geburt des Jesuskindes. Im Jahre 1223 ließ der heilige Franz von Assisi zum ersten Mal eine Krippe aufstellen. Wie die Hirten in Betlehem, standen die Menschen staunend vor dem Kind in der Krippe. Und das ist bis heute so. Besonders in katholischen Kirchen und in den meisten Familien wird zu Weihnachten eine Krippe aufgebaut. Steht eure Krippe auch Weihnachten unter dem Weihnachtsbaum?

Mein Geschenk

Guter Gott,
Jesus feiert Geburtstag.
Und ich bin eingeladen!
Ich überlege:
Welches Geschenk bringe ich mit?
Ich habe eine Idee:
Ich schenke ihm meine Freundschaft.
Kannst du mir dabei helfen?

Bedrucktes Geschenkpapier

Mit Kartoffelstempeln und deinem Farbkasten kannst du Paketpapier bunt bedrucken. Ausstechförmchen für Plätzchen sind gute Motive.

WEIHNACHTEN

Am Weihnachtstag

Am Weihnachtstag fahren wir immer zu Oma und Opa. Die haben einen wunderschönen Tannenbaum. Er ist geschmückt mit glänzenden Kugeln, mit Sternen und einem goldenen Engel. „Früher hingen Äpfel, Nüsse und Gebäck am Christbaum", erzählt Oma, „und am Ende der Weihnachtszeit plünderten wir Kinder den Baum. Das war ein Festtag für uns." Ja, ein Festtag, denke ich, und packe meine Geschenke aus.

Vom Christ- oder Weihnachtsbaum

Seit Hunderten von Jahren gehört der Tannenbaum zum Weihnachtsfest. Er steht in den meisten Familien und in allen Kirchen. Schon immer ist der Baum für die Menschen ein Symbol des Lebens und der Hoffnung gewesen. Der immergrüne Tannenbaum strahlt Leben aus, im Sommer wie im Winter. Der Weihnachtsbaum erzählt vom Leben, das Gott schenkt. Er erzählt von der Hoffnung, die mit Jesus in die Welt kommt. Er erinnert an den Baum des Paradieses, von dem die Bibel ganz am Anfang erzählt. Früher schmückten die Menschen den Baum deshalb mit Früchten.

Meist liegen die Geschenke unter dem Weihnachtsbaum. Mit ihnen zeigen wir unsere Freude über das Geschenk, das Gott uns mit Jesus gemacht hat. Ein größeres Geschenk konnte er uns nicht machen. Daran dürfen wir immer denken. Auch Menschen, die unsere Hilfe brauchen, beschenken wir zu Weihnachten. Die katholischen Christen sammeln Geld für die „Aktion Adveniat".

Wenn der Baum erzählen könnte …

Die Kerzen machen mich zum Lichterbaum. Sie lassen spüren, wie hell und warm das Licht ist, das von Jesus ausgeht.

Glocken läuten eine neue Zeit ein: Mit Jesus kommt Gottes Liebe und Friede in die Welt.

Engel sind Gottes Boten. Sie bringen die Botschaft vom Gotteskind zu Maria, zu Josef, zu den Hirten und zu allen Menschen.

Sterne sind Wegweiser in der Nacht. Den Sterndeutern haben sie den Weg zum Kind gezeigt. Sterne aus Stroh erinnern an das Stroh der Futterkrippe, in der Jesus lag.

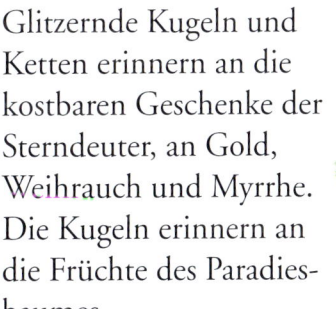

Glitzernde Kugeln und Ketten erinnern an die kostbaren Geschenke der Sterndeuter, an Gold, Weihrauch und Myrrhe. Die Kugeln erinnern an die Früchte des Paradiesbaumes.

Erscheinung des Herrn – Epiphanias

Am 6. Januar

Die Sternsinger stehen vor unserer Tür. Mit ihren Kronen, den schönen Kleidern und den glänzenden Ketten sehen sie wirklich wie Könige aus. Einer trägt einen großen Stern. Sie singen ein Lied und schreiben mit Kreide einen Spruch an die Tür. Papa gibt mir Geld. Ich stecke es in die Dose, die die Sternsinger mitgebracht haben. Das Geld ist für arme Kinder.

Das Dreikönigsfest

Den 6. Januar nennen wir meist einfach nur Dreikönigsfest oder Fest der Heiligen Drei Könige. Die Christen sagen auch „Epiphanias", was „Erscheinung des Herrn" bedeutet. Gemeint ist damit: Jesus erscheint als Retter und König der Welt. Die Ersten, die dies erkannten, waren die Sterndeuter aus dem Osten. Sie hatten einen Stern, einen Königsstern, aufgehen sehen und sich auf den Weg gemacht. Zunächst suchten sie im Königspalast von Herodes in Jerusalem. Doch dort fanden sie den neugeborenen König nicht. So zogen sie weiter und der Stern zeigte ihnen den Weg nach Betlehem. Sie gingen in das Haus, knieten vor Jesus nieder und brachten ihm königliche Geschenke: Gold, Weihrauch und Myrrhe. Das erzählt uns die Bibel im Matthäusevangelium 2,1–12.

Später nannte man die Sterndeuter Könige und gab ihnen die Namen Caspar, Melchior und Balthasar. Sie vertreten die drei (damals bekannten) Erdteile: Europa, Asien und Afrika. An diese Könige erinnern die Sternsinger, die in den Tagen um Dreikönig von Haus zu Haus ziehen und uns die Botschaft von der Geburt des Gotteskindes bringen. Sie bitten um eine Geldspende. Die hilft Kindern in aller Welt, damit sie besser leben können. Mit geweihter Kreide schreiben die Dreikönige einen Segensspruch an die Türen:

Christus mansionem benedicat:
C + M + B
Christus segne dieses Haus.

Einmal König sein

In einigen Gegenden gibt es am 6. Januar den Brauch des Bohnenkönigs. Eine Bohne oder eine Mandel wird in einen Kuchen eingebacken. Wer die Bohne in seinem Stück findet, wird König und darf an diesem Tag die Familie „regieren".

Darstellung des Herrn

Am 2. Februar

An Lichtmess war ich mit meinen Eltern im Gottesdienst. Eigentlich wollte ich zu Hause bleiben. Doch gut, dass ich es mir noch anders überlegt hatte. Denn der Gottesdienst war sehr schön. Zuerst hat Papa für alle Kerzen gekauft. Die hat der Pfarrer später gesegnet. Dann sind wir mit den brennenden Kerzen durch die Kirche gezogen und haben „Stern über Betlehem" gesungen. Das war sehr festlich!

Von Kerzen und Lichtern

40 Tage nach Weihnachten lässt sich das Licht und die Freude von Weihnachten noch einmal deutlich spüren. Die katholischen Christen feiern das Fest der Darstellung des Herrn mit einem besonderen Gottesdienst. Wegen der Weihe der Kerzen und der Lichterprozession heißt dieses Fest auch Mariä Lichtmess. Der Brauch der Lichterprozession ist sehr alt. Seit ungefähr 1500 Jahren gibt es ihn.

Die brennenden Kerzen in unseren Händen erinnern uns an die Begegnung des alten Simeon mit dem Kind Jesus. Maria und Josef bringen ihr Kind in den Tempel – in das Gotteshaus der Juden. Sie wollen ihr Kind Gott zeigen und es ihm weihen. Es soll ein Kind Gottes sein. Im Tempel treffen sie Simeon, einen alten Mann. Er erkennt in diesem Kind den Retter und Heiland der Welt. Die Bibel erzählt uns davon im Lukasevangelium 2,25–32.

Das Fest am 2. Februar macht uns Mut für den Weg ins neue Jahr. Wir gehen nicht allein. Jesus, das Licht der Welt, geht mit uns. Die Lichtmesskerze, die nach dem Gottesdienst bei uns zu Hause brennt, erinnert uns daran.

Der Blasiussegen

In vielen katholischen Kirchen wird an Lichtmess der Blasiussegen ausgeteilt. Der Priester hält zwei gekreuzte Kerzen vor unseren Hals und spricht den Segen. Seinen Namen hat der Segen von dem heiligen Bischof Blasius. Am 3. Februar feiert die Kirche sein Fest.
Eine Legende erzählt, dass er einen Jungen vor dem Ersticken gerettet hat. Deshalb rufen die Menschen seine Hilfe bei Halskrankheiten an:
Gott möge von aller Krankheit heilen und vor aller Gefahr beschützen.

KARNEVAL – FASCHING – FASTNACHT

Wir feiern Karneval

Ich tanze mit meinen bunten Schmetterlingsflügeln durch das Zimmer. Mama hat mein Gesicht toll geschminkt. Ob die anderen mich so noch erkennen? Bald sind alle meine Gäste da: Zauberer und Prinzessin, Biene Maja und Cowboy, Pirat und Tiger, Chinesin und Batman. Wir tanzen und singen. Dann lassen wir uns die Limonade und die selbst gebackenen Fastnachtskrapfen schmecken!

Die tollen Tage

Bevor die Fasten- oder Passionszeit beginnt, feiern wir die „tollen" Tage. Sie heißen Fastnacht, Fasching oder Karneval. Die lustigen Bräuche in dieser Zeit gehen zurück auf das „Fest der Narren". Vor vielen Jahrhunderten zogen die Menschen an diesem Festtag verkleidet durch die Straßen. Besonders in Gegenden, wo viele katholische Christen lebten, war dieses Fest beliebt. Und das ist bis heute so geblieben. Denn die Freude ist ein Ausdruck unseres Glaubens: Gott liebt uns – und das ist doch Grund genug, sich zu freuen. An Karneval freuen wir uns besonders ausgelassen. Wir verkleiden uns, machen Lärm, lachen über uns selbst und über andere. In manchen Gegenden beginnt der Karneval bereits am Donnerstag vor Aschermittwoch. Dieser Tag heißt meist nur „Weiberfastnacht", denn an diesem Tag feiern besonders die Frauen. An den festlichen Umzügen, vor allem am Rosenmontag, freuen sich dann alle. In der Nacht zum Aschermittwoch wird dann mancherorts die Fastnacht mit der Verbrennung einer Strohpuppe beendet.

Lustige Clown-Ketten

… kannst du zum Beispiel aus Regenbogenpapier machen. Du brauchst davon einen Streifen von 48 cm Länge und 10 cm Breite. Zunächst faltest du den Streifen zwölfmal (4 cm breit) wie eine Ziehharmonika. Dann überträgst du den halben Clown wie auf der Vorlage auf das obere Blatt und schneidest ihn aus. Du musst aber darauf achten, dass die Clowns an den Händen und Füßen zusammenhängen. Also bitte nicht einschneiden! Du kannst aus der Vorlage auch Karnevalsorden zum Umhängen machen.

Aschermittwoch

Nur ein wenig Asche

Karneval ist vorbei. Heute ist Aschermittwoch. Gemeinsam mit den Kindern aus meiner Klasse gehe ich zum Gottesdienst. Ich habe bunte Luftschlangen mitgebracht, die lege ich auf die vertrockneten Palmzweige. Gemeinsam werden sie verbrannt. „Alles ist vergänglich", sagt der Priester. Von der bunten Pracht bleibt nur ein wenig Asche. Er segnet die Asche und zeichnet allen ein Kreuz auf die Stirn.

Am Aschermittwoch

Wenn der Karneval vorbei ist, kommt der Aschermittwoch. Mit dem Aschermittwoch beginnt die Fasten- oder Passionszeit, die Zeit der Vorbereitung auf Ostern. Viele Menschen fasten an diesem Tag, das heißt, sie verzichten auf etwas, was sie sonst genießen: Sie essen kein Fleisch, keine Süßigkeiten, schauen kein Fernsehen …
Den Namen hat der Tag von einem alten Brauch. Als Zeichen der Umkehr zu Gott streuten sich die Gläubigen Asche auf ihren Kopf. In katholischen Gottesdiensten wird deshalb am Aschermittwoch das Aschenkreuz ausgeteilt. Die Asche erinnert auch daran: Alles Leben geht einmal zu Ende. Kein Mensch lebt ewig.
Das Kreuz macht uns aber auch Hoffnung: Der Tod ist nicht das Letzte. Unser Leben geht weiter, über den Tod hinaus. Das feiern wir an Ostern. Die Asche ist auch Symbol der Reinigung. Früher wurde mit Asche gewaschen, aus Asche wurde Seife gemacht. Deshalb erinnert uns die Asche am Beginn der Fastenzeit daran: Wir wollen uns neu auf den Weg machen. Wir können versuchen, aufmerksamer zu werden, mehr auf das zu achten, was wir denken, sagen und tun! Das Lied erzählt dir davon.

1. Pass auf, kleines Auge, was du siehst, pass auf, kleines Auge, was du siehst. Denn der Vater im Himmel schaut immer auf dich, denn der Vater im Himmel hat dich lieb.

2. Pass auf, kleines Ohr, was du hörst –
3. Pass auf, kleiner Mund, was du sprichst –
4. Pass auf, kleine Stirn, was du denkst –
5. Pass auf, kleine Hand, was du tust –
6. Pass auf, kleiner Fuß, wohin du gehst –
7. Pass auf, kleines Herz, wer in dir wohnt –

FASTEN- ODER PASSIONSZEIT

Am ersten Fastensonntag

In unserer Kirche hängt in der Fastenzeit ein großes Tuch: ein Hungertuch. Die Bilder erzählen von der Freundschaft Gottes mit den Menschen. Und vom Leben und Leiden von Jesus. Es sind schöne und zugleich traurige Bilder. Denn Jesus hatte kein leichtes Leben. Viele Menschen hat er sehr froh gemacht. Und er hat gesagt, Gott hat alle lieb wie ein guter Vater. Das ist das Wichtigste überhaupt. Aber denken wir immer daran?

Die Fastenzeit

In vielen katholischen Kirchen begleiten Hungertücher die Menschen durch die Fastenzeit. Manche dieser Tücher sind mehr als 400 Jahre alt. Für die Menschen früher war es ein „Fasten mit den Augen". Aus Trauer über den Tod von Jesus hingen sie Tücher vor den Altar. Du kannst dir vorstellen, wie sehr sie sich Ostern freuten, wenn sie den Altar, das Wertvollste überhaupt, wieder sehen konnten. Lange Zeit hatte man diesen Brauch vergessen. Heute erzählen neue Hungertücher von der Geschichte Gottes mit den Menschen. Und vom Leben und Leiden Jesu. In der Fastenzeit denken wir besonders daran. Deshalb heißt diese Zeit auch „Passionszeit". Denn „Passion" bedeutet „Leiden". Diese Zeit der Vorbereitung auf Ostern, das wichtigste Fest der Christen, dauert 40 Tage.
In der Bibel ist die Zahl 40 eine besondere Zahl. 40 Tage dauerte die große Flut, vor der Noach Tiere und Menschen rettete. 40 Tage fastete Jesus in der Wüste. In allen Geschichten ist 40 die Zahl des Wartens, der Vorbereitung und der Buße.

Familien-Fastenbaum

Am ersten Fastensonntag könnt ihr mit der Gestaltung eines Familien-Fastenbaums beginnen. Der Baum erinnert uns daran, dass wir Menschen niemals fertig sind. Wir wachsen und verändern uns. Wir können Früchte bringen …
Schneidet aus braunem Tonkarton einen Baum und befestigt ihn dort, wo alle ihn sehen können! Schneidet bunte Blätter oder Früchte aus – für jeden aus der Familie in einer Farbe!
Dann sprecht darüber, was ihr tun könnt! Mit jedem Tag der Fastenzeit kann euer Baum wachsen. Vielleicht trägt er Ostern viele bunte Blätter?
So kann euer Baum aussehen.

PALMSONNTAG

Bunte Bänder im Wind

Heute ist Palmsonntag. Stolz trage ich meinen Palmstock. Wir haben ihn aus grünen Palmzweigen und weichen Weidenkätzchen gebunden. Die mag ich besonders gern. Die bunten Bänder flattern im Wind. Der Priester weiht die Palmzweige. Einen davon nehmen wir später mit nach Hause und stecken ihn hinter das Kreuz. Und dann esse ich meinen gebackenen Palmvogel – mmh, ist der lecker!

Der Palmsonntag

Der Palmsonntag hat seinen Namen von den Palmzweigen. Wir denken an diesem Tag an den Einzug Jesu in Jerusalem. Von den Menschen wurde Jesus damals wie ein König mit Palmzweigen begrüßt. In den Gottesdiensten am Palmsonntag erinnern wir uns daran. Katholische Christen kommen an diesem Tag mit Palmzweigen oder schön geschmückten Palmstöcken in den Händen zur Kirche. Die Palmzweige werden geweiht und die Geschichte vom Einzug Jesu in Jerusalem vorgelesen. Dann ziehen alle mit den grünen Zweigen in die Kirche und singen „Hosianna" – was übersetzt „Hilf doch, Herr!" heißt. Den Brauch der Palmprozession gibt es seit ungefähr 1500 Jahren.
Mit den Palmzweigen ehren wir Jesus als König und Sieger über das Böse und den Tod. Zu Hause stecken manche Christen die Zweige hinter das Kreuz, bringen sie zu den Gräbern, schmücken mit ihnen Haus und Feld. Damit zeigen sie: Gott ist mit seinem Segen immer und überall für uns da.
Mit dem Palmsonntag beginnt die „Heilige Woche". Wir sagen auch Karwoche, was Trauerwoche bedeutet. Denn wir erinnern uns an den Weg des Leidens von Jesus. Er führt durch den Tod am Kreuz zur Auferstehung am Ostertag.

Einen Palmstock binden

Du brauchst:
eine Holzstange oder einen Stock, Palmzweige, Weidenkätzchen, Hasel- oder Birkenzweige, bunte Bänder (Krepppapier oder Geschenkband), Blumendraht.
So wird's gemacht:
Füge die Zweige zu einem Strauß zusammen und befestige ihn mit Draht an der Stange! Dann umwickelst du den Stock mit buntem Band. Er kann auch farbig gestrichen oder selbst geschnitzt sein. Schön sieht dein Palmstrauß aus, wenn du ihn mit bunten Bändern und einem aus Hefeteig gebackenen Palmvogel schmückst. Oder mit selbst gebastelten kleinen Vögeln. Vielleicht schmückt der Palmstock nach dem Gottesdienst euren Wohnungseingang!

GRÜNDONNERSTAG

Grünes am Gründonnerstag

„Am Gründonnerstag muss etwas Grünes auf den Tisch", sagt Oma, „den Brauch kenne ich von Kindheit an." Ich lasse mir den frischen Spinat schmecken. Nach dem Essen gehe ich mit Opa in den Garten. Wir schneiden Birkenzweige für den Osterstrauß und stellen sie in warmes Wasser. Zu Ostern sind die grünen Blättchen ein schönes Zeichen für das neue Leben …

Ein Mahl mit Freunden

Der Name Gründonnerstag kommt wohl nicht von der Farbe „grün", sondern stammt von dem Wort „greinen", was „weinen" bedeutet. Mit Tränen und Trauer hat der Gründonnerstag zu tun. Denn bei der Abendmahlsfeier am Gründonnerstag erinnern wir daran, dass sich Jesus mit seinen Jüngern zum letzten Abendmahl getroffen hat. Mit diesem Mahl verabschiedete sich Jesus von seinen Freunden. Nach dem Mahl wurde Jesus gefangen genommen, und sein Leidensweg begann.
Bei der Abendmahlsfeier der katholischen Christen wäscht der Priester manchmal einzelnen Gemeindemitgliedern die Füße. Mit der Fußwaschung wollte Jesus seinen Freunden und uns zeigen: Tut alles füreinander – auch unangenehme Dinge! Nach dem Gottesdienst wird in vielen Gemeinden zum Agapemahl – zum Liebesmahl – eingeladen oder die Christen bleiben zur „Nachtwache" noch in der Kirche. Im gemeinsamen und stillen Gebet denken sie über all das nach, was sich damals mit Jesus ereignet hat.

Österliche Eier – ein schöner Schmuck für den Osterstrauß

Du brauchst:
ausgeblasene Eier, Servietten mit österlichen Motiven, Serviettenlack, Seidenpapier in Regenbogenfarben, Kleister, Borstenpinsel

So wird's gemacht:
- Reiße das gewünschte Serviettenmotiv aus der Serviette heraus und löse die oberste bedruckte Schicht ab. Lege das Motiv auf das Ei und überstreiche es vorsichtig mit dem Serviettenlack.
- Reiße das Seidenpapier in kleine Streifen. Streiche den Kleister auf das Ei und klebe die Schnipsel darauf.

Karfreitag

Wir gehen den Kreuzweg

Gemeinsam gehen wir den Kreuzweg. Vierzehn Stationen zeigen, wie Jesus leiden und sterben musste. Wir sehen uns die Bilder an, wir beten und singen. Wir hören, wie schwer dieser Weg für Jesus war und wie Menschen ihm geholfen haben. An der vierzehnten Station legen wir Blumen vor das Kreuz. Damit wollen wir Jesus danken.

Das Kreuz von Jesus

Der Freitag vor Ostern heißt Karfreitag. „Kara" ist ein altes Wort für „Klage, Trauer". Es ist ein Tag des Fastens und der Trauer über den Tod von Jesus. Weil die Mächtigen seines Landes nicht einverstanden waren mit dem, was Jesus tat und sagte, musste er sterben. In den Gottesdiensten an diesem Tag denken die Christen an Jesu Verurteilung, seine Kreuzigung und an seinen Tod.

In katholischen Gemeinden feiern die Christen den Karfreitagsgottesdienst um 15 Uhr. Das ist die Stunde des Todes von Jesus. Während des Gottesdienstes spielt die Orgel nicht. Auf dem Altar stehen keine Blumen und keine Kerzen. Die Geschichte vom Leiden und Sterben Jesu wird vorgelesen. Dann knien alle vor dem Kreuz Jesu nieder. Damit danken wir Jesus für seinen Tod am Kreuz. Denn durch sein Leiden und Sterben hat er alle Schuld auf sich genommen. Alle Schuld, die Menschen angehäuft haben.

Auch die Kreuzweg- oder Passionsandachten in der Zeit vor Ostern und am Karfreitag erinnern uns daran. Gemeinsam gehen wir singend und betend den Kreuzweg von Jesus. Die 14 Stationen des Leidens von Jesus sind in allen katholischen Kirchen, aber auch an Wegen oder Berghängen, dargestellt. An manchen Orten gibt es auch besondere „Spiele" – Passionsspiele –, die vom Leiden und Sterben Jesu erzählen.

Bildgebäck zum Osterfest

Besonderes Gebäck gehört zum Osterfest.
Denk nur an den Osterzopf oder Osterkranz, den Osterfladen oder die gebackenen Osterhasen oder Osterlämmer.
Der Zopf erinnert daran, dass Gott und Mensch miteinander verflochten, verbunden sind. Rundes Gebäck erinnert an die Sonne, die Jesus selber ist. Durch seinen Tod und seine Auferstehung bringt er Licht und Hoffnung in diese dunkle Welt. Auch die gebackenen und mit Puderzucker bestäubten Osterlämmer erzählen von Jesus. Die Bibel nennt Jesus das „Lamm Gottes", das gestorben ist und den Tod besiegt hat. Die Osterfahne mit dem Kreuz oder einem anderen Zeichen für Jesus erinnert daran.

KARSAMSTAG

Unser Brunnen ist der schönste

Viele Tage lang haben wir Eier angemalt, mit flüssigem Wachs, getrockneten Blättern und Wollfäden verziert. Dann ist es endlich soweit: Wir schmücken unseren Brunnen mit vielen bunten Eierketten. „Damit ehren wir das Wasser als ein Geschenk Gottes", sagt Mama. Prima, dass es diesen alten Brauch bei uns heute noch gibt!

Basteln und backen für das Osterfest

Der Karsamstag ist ein „stiller" Tag. Die Christen feiern keinen Gottesdienst aus Trauer über den Tod Jesu. In den meisten Familien ist es Brauch, sich auf das Osterfest vorzubereiten. Gemeinsam wird gebacken oder Ostereier werden bemalt. Denn Ostereier gehören nicht nur bei uns, sondern in der ganzen Welt zum Osterfest. Immer schon ist das Ei ein Symbol des Lebens: Aus der wie tot aussehenden Eierschale bricht neues Leben hervor. Das erinnert an die Auferstehung von Jesus. Ein weiser Mann der Kirche schreibt schon vor ungefähr 1600 Jahren: „Gleich einem Ei springt das Grab auf."

Seit ungefähr 800 Jahren färbt und bemalt man die Eier. Zunächst rot, später dann in allen Farben, mit vielerlei Mustern, manchmal mit Osterglückwünschen oder Ostersprüchen. In manchen Gegenden sind diese im Ei versteckt: Man rollt den beschriebenen Papierstreifen auf ein Holzstäbchen und steckt es ins Ei. Versuch's doch auch einmal!

Ostereier werden neben anderen Osterspeisen in einigen katholischen Gemeinden in den Ostergottesdiensten gesegnet. Nach der Speisenweihe wird der Korb an andere verschenkt oder in der Familie gegessen. So können alle die frohe Osterbotschaft spüren: Gott meint es gut mit uns.

> *Wir backen einen Osterhasen*
>
> Mit dem Rezept vom Nikolausstiefel von Seite 11 könnt ihr auch einen Osterhasen backen.
> Ihr braucht noch: 2 Spaghetti.
> So wird's gemacht:
> Den Teig nach Anleitung zubereiten, Hasen formen, Rosinen für das Auge eindrücken. Die Spaghetti in der Mitte durchbrechen und als Barthaare durch den Teig stecken.

Der Osterhase

Zu Ostern freuen sich nicht nur die Kinder über den Osterhasen, der die Eier bringt. Wie das Osterei ist auch der Hase ein Symbol des Lebens. Um die Osterzeit kannst du ihn mit seinen neugeborenen Jungen über die Felder hoppeln sehen.

OSTERN

Am Osterfeuer

Endlich ist es soweit. Die hoch aufgeschichteten Äste werden mit einer brennenden Fackel entzündet. In Windeseile verbreitet sich das Feuer. Es knistert und kracht, Funken wirbeln durch die Luft. Die Flammen erhellen die Dunkelheit. „Toll, so ein Feuer", denke ich, „so ein richtiges Osterfeuer." Später essen wir Ostereier und singen Osterlieder. Das „Halleluja" klingt jetzt noch in meinen Ohren …

Die Feier der Osternacht

An den Ostertagen kannst du sie überall sehen und riechen: die Osterfeuer. Die Menschen begrüßen damit das neue Leben, das jetzt überall in der Natur beginnt. Und sie zeigen ihre Freude über das neue Leben von Jesus, die Auferstehung.
Auch die Feier der Osternacht in der Kirche beginnt in katholischen, aber auch in einigen evangelischen Gemeinden mit dem Osterfeuer. Das Feuer erinnert an Gott, der uns Licht und Leben schenkt durch Jesus, seinen Sohn. Am Feuer wird die große Osterkerze entzündet und in die dunkle Kirche getragen. In der Kirche brennen bald viele kleine Kerzen. So können alle wirklich spüren, dass Jesus die Dunkelheit des Todes besiegt hat. Nach dem Gottesdienst tragen alle das Osterlicht nach Hause oder auf die Gräber der Verstorbenen. So breitet sich die Freude von Ostern aus und wird weitergegeben.
Wichtig ist in der Osternacht auch das Wasser: das Osterwasser. Häufig werden damit in katholischen Gottesdiensten Kinder und Erwachsene getauft. Viele Gläubige nehmen etwas von dem „neuen" Wasser mit nach Hause und füllen damit ihre Weihwasserbecken.

Wenn die Osterkerze erzählen könnte:

Jesus starb am Kreuz aus Liebe zu den Menschen. Daran erinnert das rote Kreuz.
Rot ist die Farbe der Liebe und des Lebens.

Der Tod von Jesus war grausam. An die Wunden erinnern die Wachsnägel.

Jesus ist Anfang und Ende der Welt. Alpha ist der erste Buchstabe des griechischen Alphabets und Omega der letzte.

Der Tod von Jesus war nicht das Ende. Vielmehr war er der Anfang eines neuen Lebens bei Gott. Daran erinnert die helle Flamme.

Guter Gott,
verborgen und doch so nah.
Für uns Menschen immer da.
Wie das helle Licht,
das leise zu uns spricht,
dass du bei uns bist.
Amen.

OSTERN

Eierlaufen ist toll

„Lauf, Opa", rufe ich, „du schaffst es!" Tatsächlich, einen Schritt vor Mama trägt Opa sein Ei über die Ziellinie. Heute Morgen sind wir, wie jedes Jahr zu Ostern, zu Oma und Opa gefahren. Wir suchen Ostereier und machen lustige Ostereierspiele. Am liebsten mag ich Eierweitrollen auf einem schäg gestellten Brett und natürlich Eierlaufen. Besonders lustig ist das, wenn es mit dem Ei auf einem Löffel über viele Hindernisse geht.

DER OSTERSONNTAG

In den Gottesdiensten an Ostern feiern wir die frohe Botschaft von Ostern: Gott ist stärker als der Tod. Er hat Jesus auferweckt. Dafür danken wir mit dem frohen Osterlob „Halleluja". Das ist hebräisch und bedeutet: „Lobet den Herrn!"
Die Botschaft von der Auferstehung erzählt die Bibel:
Am Ostermorgen, als gerade die Sonne aufgeht, kommen drei Frauen zum Grab von Jesus. Sie sehen, dass der schwere Stein weggerollt worden ist. Als sie in die Grabeshöhle hineingehen, sehen sie einen Engel, der zu ihnen spricht: „Fürchtet euch nicht! Jesus ist nicht hier. Er ist auferstanden! Geht zu seinen Freunden und sagt ihnen, dass Jesus lebt! Ihr werdet ihn sehen" (nach dem Markusevangelium 16,1–7).
Die Freunde von Jesus können es zunächst nicht glauben. Doch dann erscheint ihnen Jesus viele Male. Und sie wissen nun ganz sicher: Jesus lebt. Er lebt bei Gott. Ein ganz anderes, neues Leben. Das erzählen sie allen Menschen. Mit dem alten Ostergruß: „Frohe Ostern" geben auch wir diese freudige Osterbotschaft weiter.

„Frohe Ostern"
Ostern ist ein frohes Fest. Hier sind einige Ostereierspiele für dich.

> Eierrollen:
> Auf „Los!" lassen alle ihr Ei einen Abhang oder ein schräg gestelltes Brett hinunterrollen. Wessen Ei rollt am weitesten?
>
> Eierwettlauf:
> Wer bringt sein Ei auf dem Löffel zuerst ins Ziel? Mit kleinen Hindernissen auf der Laufstrecke wird's schwieriger.
>
> Geschickt werfen:
> Einer hält ein Ei mit Zeigefinger und Daumen. Wer schafft es, eine Münze durch den Zwischenraum Ei und Hand zu werfen?

CHRISTI HIMMELFAHRT

Menschen auf dem Weg

„Jesus lässt niemandem im Stich. Er geht alle Wege mit", sagt der Priester. Dann ist Jesus auch jetzt mit uns auf dem Weg, denke ich. Mit den Kindern und Erwachsenen, mit dem Priester und den Messdienern. Auf dem Weg der Prozession durch die Straßen und Felder ist er dabei – und das ist schön!

Himmelfahrts-Prozessionen

Am 40. Tag nach Ostern feiern wir das Fest „Christi Himmelfahrt". Wir erinnern uns an diesem Tag daran, dass Gott Jesus zu sich in sein Reich geholt hat. Nach dem Tod und der Auferstehung war Jesus seinen Jüngern vierzig Tage hindurch erschienen. Er hatte ihnen den Auftrag gegeben, allen Menschen von Gott zu erzählen. Dann war er plötzlich nicht mehr da. Während die Jünger zum Himmel schauten, erschienen ihnen zwei Engel. Sie sagten: „Jesus ist bei seinem Vater." Irgendwann wird er wiederkommen und alle Menschen werden zu seinem Reich gehören (nach der Apostelgeschichte 1,9–11).
Darauf hoffen alle Christen. Sie feiern das in Gottesdiensten und mit Prozessionen in katholischen Gegenden. Sie singen und beten und bitten Gott um seinen Segen: für Menschen, Tiere und Pflanzen. Wir können Gott an diesem Tag besonders darum bitten, dass er uns hilft, sorgsam mit seiner Schöpfung umzugehen.
Viele Menschen, vor allem Männer, machen an diesem Tag einen Ausflug ins Grüne. Deshalb wird der Himmelfahrtstag auch „Vatertag" genannt. Dieser Name erinnert aber auch daran, dass Jesus Gott seinen Vater nennt. Auch wir tun dies, wenn wir zum Beispiel das Vaterunser beten.

Das schmeckt himmlisch!

Himmelfahrtsbrote in Form von Engeln oder Vögeln zu backen ist ein sehr alter Brauch. Vielleicht versuchst du es auch einmal.
Du nimmst dafür das Rezept von Seite 11.
Fertige dir zuerst eine Form aus Pappe! Decke diese mit Backpapier ab und forme den Teig nach der Vorlage!
Mit Rosinen deutest du die Augen an.
Himmlisch schmeckt's, wenn du das Gebäck nach dem Backen mit Zuckerguss überziehst. Verrühre dazu
120 g Puderzucker mit 2–3 Esslöffeln heißem Wasser!
Mit bunten Zuckerstreuseln wird's noch himmlischer.

PFINGSTEN – DREIFALTIGKEITSSONNTAG – SONNTAG TRINITATIS

Am Pfingstmontag

„Sicher wird es unterwegs richtig lustig", versucht Papa uns für den Ausflug mit dem Fahrrad zu begeistern. „Es werden auch tolle Spiele gemacht …" Bald lasse ich mich von Papas Freude anstecken und genieße den tollen Gemeindeausflug: mit Spielen, Picknick und einem Gottesdienst in der freien Natur. Im nächsten Jahr bin ich sicher wieder dabei.

Das Pfingstfest

Sich anstecken lassen von der Freude eines anderen, davon erzählt uns die Bibel in der Erzählung vom Pfingsttag: Es war am 50. Tag nach Ostern, am Tag des großen Erntefestes in der Stadt Jerusalem. Jesu Freunde waren versammelt, als plötzlich ein Sturm und Feuerzungen das Haus erfüllten. Sie spürten die Kraft Gottes, den Heiligen Geist. Und sie gingen auf die Straße und begannen von Jesus und von Gott zu erzählen. Menschen aus vielen Ländern konnten verstehen, was sie sagten (nach der Apostelgeschichte 2,1–4). Es war wie ein Wunder. Denn die Leute spürten: Menschen, die auf Jesus hören, können einander verstehen. Egal, zu welchen Volk sie gehören. Tausende machten damals einen neuen Anfang mit Jesus. Deshalb feiern wir Pfingsten als Geburtsfest der Kirche und als Fest des Heiligen Geistes.

Das Wort „Pfingsten" leitet sich ab vom griechischen Wort „Pentekoste". Es bedeutet der 50. Tag (nach Ostern).

Am Sonntag nach Pfingsten feiern wir das Dreifaltigkeitsfest (Dreieinigkeitsfest) oder den Sonntag Trinitatis, wie es in der evangelischen Kirche heißt: Wir glauben an Gott, an Jesus und an den Heiligen Geist. Die drei sind eine Einheit.

Frohe Pfingsten!

Pfingsten ist ein Fest der Freude. Die Kirchen sind festlich geschmückt. Wie damals zieht es die Menschen hinaus ins Freie: Ausflüge, Prozessionen und Pfingstspiele, oft mit festlich geschmückten Pferden, gehören dazu. An manchen Orten trifft man sich mit Verwandten und Freunden zu einem Pfingstfeuer. Macht's nach!
Mit dem Ringstechen, einem alten Reiterspiel, könnt ihr euch die Zeit vertreiben. Für dieses Wettspiel befestigt ihr einen Ring zum Beispiel an einem Ast. Auf ein Signal hin versuchen die einzelnen Spieler, ihren Stab beim Laufen durch den Ring zu werfen. Wer die meisten Treffer hat, wird euer Pfingstkönig!

FRONLEICHNAM

Eine festliche Prozession

Der lange Zug zieht durch die Straßen. Bunte Fahnen schmücken den Weg. Weihrauchduft breitet sich aus und die Schellen der Messdiener erklingen. An einem Wegkreuz bei einem großen Baum ist ein Altar aufgebaut. Davor breitet sich ein bunter Blumenteppich aus. Der Pfarrer trägt darüber die kostbare Monstranz.

Mit Jesus durch die Strassen

Das Wort „Fronleichnam" bedeutet „Leib des Herrn". Die katholischen Christen feiern an diesem Tag die Gegenwart Jesu in der Hostie, dem heiligen Brot. Besonders festlich gefeiert wird dieser Tag mit Prozessionen, die vielerorts durch die Straßen ziehen oder mit dem Schiff veranstaltet werden. Das ist seit vielen hundert Jahren so. Dabei wird den Leuten vom Priester die Hostie in der Monstranz gezeigt, einem kostbaren Zeigegefäß mit einem Glasfenster in der Mitte. Über dem Priester und der Monstranz ist der Baldachin, der „Tragehimmel" – das Zeichen der Könige und Herrscher. Jesus ist unser König, ihm folgen wir.
Die Prozession hält meist an vier Stationen an. Dort sind Altäre aufgebaut und besonders prächtig geschmückt. Worte aus der Heiligen Schrift werden vorgelesen und zum Schluss wird der Segen nach allen Himmelsrichtungen erteilt. Der Segen erinnert uns daran: Unser Leben verdanken wir Gott. Wir wollen sorgsam mit Gottes Schöpfung umgehen.

Blumenmandala

Du brauchst:
einen Blumensteckschwamm, eine runde Schale, bunte Blüten, Moos, Blätter …

So wird's gemacht:
Steckschwamm in Größe der Schale zurechtschneiden. Mit Wasser voll saugen lassen. Jetzt kannst du mit dem Blumenmandala beginnen. Mandala ist ein Bild, bei dem sich alle Figuren um die Mitte ordnen. Beginn zum Beispiel mit einer besonders schönen Blüte! Um diese ordnest du dann die anderen Blüten. Wie diese Blüte in der Mitte, so ist Gott mitten in unserem Leben, in seiner ganzen Schöpfung.

JOHANNISFEST

Am Johannisfeuer

„Alles Schlechte soll verbrennen, damit wir friedlich leben können." Mit diesem Spruch wird der Holzstapel entzündet. Und schon bald brennt das Feuer lichterloh. Dann geht es lustig zu. Es wird gesungen und getanzt. Einige Erwachsene sind besonders mutig und wagen den Sprung übers Feuer. Und am Nachthimmel entdecken wir viele kleine Lichter: die Glüh- oder Johanniswürmchen.

Am Johannistag

Schon lange, bevor der 24. Juni Johannistag hieß, feierten die Menschen diesen Tag als Tag der Sonne und der großen Sonnenwende. Die Sonne hat ihren höchsten Stand am Himmel erreicht. Von nun an werden die Tage kürzer und die Nächte länger. Bis heute lädt das Johannisfeuer die Menschen ein, miteinander zu feiern und sich zu freuen über die Sonne, die Wärme und Leben schenkt. Für uns Christen ist die Sonne auch ein Bild für Jesus Christus, der von sich gesagt hat: „Ich bin das Licht der Welt."

Das Feuer erinnert aber auch an den heiligen Johannes, dessen Geburtstag wir an diesem Tag feiern. Als Jesus noch lebte, gab es im Land Israel einen Propheten, der Johannes hieß. Bevor Jesus umherzog und den Menschen von Gott erzählte, tat dies Johannes. Und weil Johannes auf Jesus hingewiesen hat, nennen wir ihn auch den „Vorläufer Jesu". Er hat einmal gesagt: „Jesus Christus muss wachsen, ich aber muss abnehmen."

Da jetzt in der Natur die Tage kürzer und die Nächte länger werden, ist das ein schönes Bild für Johannes und Jesus. Johannes muss in den Hintergrund treten. Jesus ist wichtiger für unser Leben, er ist so wichtig wie die Sonne.

Johannisküchlein

Teig:
150 g Margarine, 150 g Zucker,
1 Päckchen Vanillezucker, 3 Eier. 200 g Mehl
2 Teelöffel Backpulver, 17 Papierbackförmchen
Belag:
250 g rote Johannisbeeren, 75 g Zucker

So wird's gemacht:
Backofen auf 180 Grad (Umluft auf 160 Grad) vorheizen. Aus den Zutaten einen Rührteig herstellen. Je einen Esslöffel Teig in ein Backförmchen füllen. Darauf einen Esslöffel Johannisbeeren und einen halben Teelöffel Zucker geben. Auf einem Backblech ca. 15 Minuten auf der mittleren Schiene backen.

MARIÄ HIMMELFAHRT

Unser Krautbund

Um die Königskerze binden wir Johanniskraut, Wermut und Schafgarbe. Beifuß, Rainfarn, Tausendgüldenkraut und eine Rose kommen noch dazu. Sie erinnert an Maria, deren Fest wir heute feiern. „Zum Schluss gebe ich Oma Pfefferminz und Kamille aus unserem Garten. Daraus kocht Mama Tee, wenn ich Bauchschmerzen habe. Dann geht's bald besser."

Am 15. August

Am 15. August feiern wir in der katholischen Kirche das Fest „Mariä Himmelfahrt". Das Fest wird auch „Großer Frauentag", Maria Würzweih oder Büschelfrauentag genannt. Denn zu diesem Tag gehört der Brauch der Kräuterweihe: Sommerliche Kräuter werden zu einem Kräuterstrauß gebunden, mit zum Gottesdienst gebracht und gesegnet.
Die Zusammenstellung des Krautbunds ist sehr verschieden. Sie hängt davon ab, was in der Gegend wächst. Sieben oder neun Kräuter sind es aber fast immer. Zu Hause erhält der Weihbusch einen besonderen Platz. Die Kräuterweihe erinnert uns daran, dass Heilpflanzen ein großes Geschenk Gottes sind. Sie sollen uns helfen gesund und heil zu werden. Wir haben das heute meistens vergessen, weil es für jeden Schmerz eine Arznei in der Apotheke gibt.
Die Heilkräuter und Blumen, die jetzt mitten im Sommer besonders duften, erinnern die Christen aber auch an Maria. Sie glauben, dass Gott sie auserwählt hat, die Mutter Jesu zu werden. Die Menschen nennen sie liebevoll „schönste Blume", „Rose ohne Dornen" oder „Lilie des Feldes". Am Fest „Maria Himmelfahrt" feiern wir, dass Maria seit ihrem Tode bei Gott im Himmel lebt.

Gebet an „Mariä Himmelfahrt"

Guter Gott,
du hast uns die Blumen
und Heilkräuter geschenkt.
Wir staunen darüber,
wie viele es sind.
Wir freuen uns über ihre Farben
und ihren Duft.
Wir danken dir,
dass du sie uns geschenkt hast.
Segne die Kräuter und Blumen!
Allen Menschen sollen sie helfen
gesund zu bleiben.
Amen.

ERNTEDANKFEST

Danke für alle Gaben

Die Kirche ist festlich geschmückt: mit Früchten, Getreide und Gemüse. Auch wir haben etwas mitgebracht. Einen Korb mit schönen Früchten. Den stelle ich zu den anderen Gaben vor den Altar. Dann feiern wir einen festlichen Dankgottesdienst. Zu Hause machen wir aus den Früchten Obstsalat. „Danke Gott, dass du dies alles wachsen lässt!"

Am ersten Sonntag im Oktober

Am ersten Sonntag im Oktober feiern wir in den christlichen Kirchen Erntedank mit festlichen Dankgottesdiensten. Mit allen Gaben, die geerntet wurden, ist die Kirche geschmückt. Manchmal auch mit einer Erntekrone oder einem Erntekranz, die aus Getreide geflochten werden. Oder mit bunten Ernteteppichen, die aus dem, was in Wald und Feld wächst, gelegt werden. Ein Ährenkranz schmückt die Türen der Häuser.
In einigen katholischen Gemeinden bringen die Menschen Körbe mit Früchten, Getreide und Gemüse zum Altar, die während des Gottesdienstes gesegnet werden. Der Segen erinnert uns daran, dass alles, was wächst, ein Geschenk Gottes ist. Gott hat uns die Welt anvertraut. Wir sollen sorgfältig mit ihr umgehen und sie nicht zerstören.
Manchmal werden die Gaben, mit denen der Altar geschmückt ist, verschenkt, damit Menschen in Not eine warme Mahlzeit erhalten. Es wird auch Geld gesammelt, um damit armen Menschen zu helfen. Die evangelischen Christen sammeln für die Aktion „Brot für die Welt".
In vielen Gegenden gibt es Ernteumzüge mit schön geschmückten Erntewagen, mit Trachten- und Tanzgruppen.

Tischgebete

Auf dem Felde wächst das Brot,
bewahrt vor Hunger und vor Not.
Dankbar wollen wir es essen
und die Armen nicht vergessen.

Überliefert

Danket Gott, denn er ist gut;
groß ist alles, was er tut.
Seine Huld währt alle Zeit,
waltet bis in Ewigkeit.

Nach Psalm 136

Reformationstag – Buß- und Bettag

Kinderbibeltage

Drei Tage haben wir Kinder aus der evangelischen Gemeinde mit Kindern aus der katholischen Nachbargemeinde zu Geschichten der Bibel Bilder gemalt und gebastelt. Beim Abschlussgottesdienst steht eine fröhliche „Mannschaft" neben dem großen bunten Schiff: Wer mit Jesus unterwegs ist, braucht keine Angst zu haben.

Reformationsfest am 31. Oktober

Bibeltage, die es in vielen Gemeinden gibt, helfen, die Geschichten der Bibel immer besser zu verstehen. Das macht Mut und schenkt Vertrauen auf Gott. Am Fest der Reformation erinnern sich die evangelischen Christen an Martin Luther, der sich sein ganzes Leben lang mit der Bibel beschäftigt hat. Er lebte vor ungefähr 500 Jahren als Mönch in einem Kloster und unterrichtete an der Universität Wittenberg. In der Bibel las er, dass die Menschen keine Angst vor Gott zu haben brauchen. Denn Gott ist wie ein guter Vater, der die Schuld vergibt.

Luther war der Meinung, dass solche und andere Gedanken in der Kirche nicht genügend beachtet wurden. Das wollte er ändern, „reformieren", wie es in der lateinischen Sprache heißt. Er schrieb seine Meinung in 95 Sätzen auf. Das führte zum Streit mit den Bischöfen, dem Papst und dem Kaiser. Er wurde aus der katholischen Kirche ausgeschlossen und musste sich auf der Wartburg verstecken. Dort übersetzte Martin Luther als Erster die Bibel in die deutsche Sprache. Später gründete er die evangelische Kirche. Das Geburtsfest ihrer Kirche feiern die evangelischen Christen am Reformationstag mit Gottesdiensten und Gemeindeversammlungen.

*Buß- und Bettag
im Monat November*

Am vorletzten Mittwoch im Monat November versammeln sich die evangelischen Christen zu einem Gottesdienst. Mit Liedern und Gebeten denken sie darüber nach, was sie falsch gemacht haben. Sie bekennen ihre Schuld und bitten Gott um Verzeihung.

Gott liebt uns. Wie ein guter Vater ist er immer für uns da. Ihm können wir alles sagen, das Gute und das Böse. Im „Gleichnis vom verlorenen Sohn" erzählt Jesus uns davon. Du kannst dies im Neuen Testament der Bibel nachlesen (Lukasevangelium 15,11–32). Dort findest du auch viele andere Geschichten, die davon erzählen, wie Gott uns immer wieder verzeiht.

ALLERHEILIGEN – ALLERSEELEN – TOTENSONNTAG

An Opas Grab

Gemeinsam stehen wir an Opas Grab. In den Tagen vor Allerheiligen haben Oma und ich es mit Blumen schön geschmückt. Auch an den anderen Gräbern stehen Menschen. Alle denken an ihre Verstorbenen. Überall brennen kleine Lichter. Nach dem Besuch auf dem Friedhof treffen wir uns bei Oma und essen den selbst gemachten Allerheiligenzopf.

WIR DENKEN AN DIE VERSTORBENEN

Am ersten Tag im November feiern die katholischen Christen das Fest „Allerheiligen". An dem mehr als 1000 Jahre alten Fest denken wir an die Menschen, die Jesus ganz besonders nachgefolgt sind. Viele wurden deshalb sogar verfolgt und getötet. Wir nennen diese Menschen „Heilige". Einige von ihnen kennen wir, zum Beispiel den heiligen Martin oder die heilige Barbara. Von anderen wissen wir nicht einmal den Namen. An Allerheiligen danken wir Gott für alle Heiligen, die er seiner Kirche geschenkt hat.

Am 2. November, dem Fest „Allerseelen", erinnern sich die katholischen Christen an die Menschen, die schon gestorben sind. Meist gehen sie schon am Nachmittag des Allerheiligentages zum Friedhof. Sie zünden kleine Kerzen an und beten für die Verstorbenen. Der Priester besprengt die Gräber mit Weihwasser. Das Wasser ist wie die brennenden Kerzen ein Zeichen für das neue Leben bei Gott. Die Angehörigen hoffen, dass ihre Verstorbenen jetzt ganz nah bei Gott sein dürfen.

Die evangelischen Christen feiern diesen Erinnerungstag an die Verstorbenen am Totensonntag, dem letzten Sonntag im November.

Überraschung zum Allerheiligentag

In manchen Gegenden gehört auch heute noch ein besonderes Gebäck zum Allerheiligentag. Mit dem Allerheiligenstriezel oder -zopf, der meist aus Hefteteig gebacken wird, überraschen mancherorts die Paten ihre Patenkinder und wünschen ihnen Glück. Vielleicht habt ihr Lust, gemeinsam in der Familie für den Allerheiligentag zu backen. Und was noch schöner ist: Wen kannst du mit etwas selbst Gebackenem überraschen?

MARTINSTAG

Unser Laternenumzug

„Sankt Martin, Sankt Martin …", spielt die Musikkapelle, und ich singe kräftig mit. Mitten im Zug reitet Sankt Martin. Ich kann ihn gut sehen. Er trägt einen schönen roten Mantel. Später teilt er den Mantel mit dem Bettler, und das Martinsfeuer wird entzündet. Dann gehen wir nach Hause. Meine Laterne leuchtet hell und freundlich. So hell und freundlich wie Sankt Martin, denke ich.

SANKT MARTIN

Am 11. November feiern wir mit Laternenumzügen den Martinstag. Es ist der Festtag des heiligen Martin. Wir sagen auch Sankt Martin; denn in der lateinischen Sprache heißt heilig „sanctus". Gelebt hat Martin im 4. Jahrhundert. Er war Soldat des römischen Kaisers. Dann ließ er sich taufen und lebte als einfacher Mönch. Später wurde er Bischof von Tours. Martin war zu allen Menschen gütig. Eine Legende erzählt, wie Martin am Stadttor von Amiens einem frierenden Bettler begegnet. Martin hat Mitleid mit dem Armen. Er nimmt sein Schwert und teilt seinen Soldatenmantel in der Mitte. Die eine Hälfte gibt er dem Bettler, der sich damit wärmt. In der Nacht soll ihm Jesus erschienen sein, bekleidet mit diesem Mantelstück.

Martinszüge, Martinstüten, Weckmänner oder anderes Gebäck erinnern an diese gute Tat des Teilens. Nach dem Umzug wird meist auch die Mantelteilung nachgespielt und ein Martinsfeuer entzündet.

Auch die Martinsgänse gehören zum Martinstag. Um nicht Bischof werden zu müssen, erzählt eine Legende, versteckte sich Martin in einem Gänsestall. Doch das Geschnatter der Gänse hat ihn verraten.

Deine Kürbislaterne

Du brauchst: Kürbis, Messer, Löffel, Teelicht
1. Deckel abschneiden   2. Kürbis aushöhlen
3. Gesicht schnitzen

Mit einem Teelicht leuchtet deine Laterne schön! Sie erinnert dich an Martin, der Licht und Freude gebracht hat. In einigen Gegenden ziehen Kinder in den Tagen um Sankt Martin singend mit ihren Laternen von Haus zu Haus und erbitten eine kleine Belohnung. Versuch's doch auch einmal!

CHRISTKÖNIGSFEST – EWIGKEITSSONNTAG

Das Kirchenjahr geht zu Ende

Am letzten Sonntag im November feiern wir das Schlussfest des Kirchenjahres. Die katholischen Christen nennen diesen Festtag „Christkönigssonntag" und die evangelischen Christen „Ewigkeitssonntag" oder „Totensonntag".
Dieser Tag, der mit Gottesdiensten gefeiert wird, erzählt von der Hoffnung, die alle Christen gemeinsamen haben: Irgendwann wird das Reich Gottes ganz da sein. Gott wird unter den Menschen wohnen und alle werden bei ihm zu Hause sein. Als Jesus zum Tod am Kreuz verurteilt wurde, hat er gesagt: „Ich bin ein König. Aber mein Königtum ist nicht von dieser Welt." Damit wollte er sagen: Mein Reich ist ganz anders als alle Reiche der Welt. Wo Menschen miteinander und füreinander leben, wo sie sich lieb haben, trösten und helfen – da beginnt mein Reich schon auf Erden. Da ist ein Stück Himmel schon unter den Menschen. Jesus hat versprochen, dass er wiederkommen und Gottes Reich vollenden wird. Am letzten Tag im Kirchenjahr feiern wir die Hoffnung auf dieses Versprechen.

Am Ende der Zeit

„Die Welt wird ihr Werktagskleid ablegen und ein Sonntagskleid anziehen."
Martin Luther

Uhr durchs Kirchenjahr

Die wichtigsten Feste im Kirchenjahr findest du auf der Kirchenjahresuhr, die auf der nächsten Seite abgedruckt ist.
Du kannst die Kirchenjahresuhr kopieren, ausschneiden und ausmalen. Den Zeiger befestigst du mit einer Paketklammer in der Mitte der Uhr. So weißt du immer, welches Fest im Kirchenjahr gerade gefeiert wird.

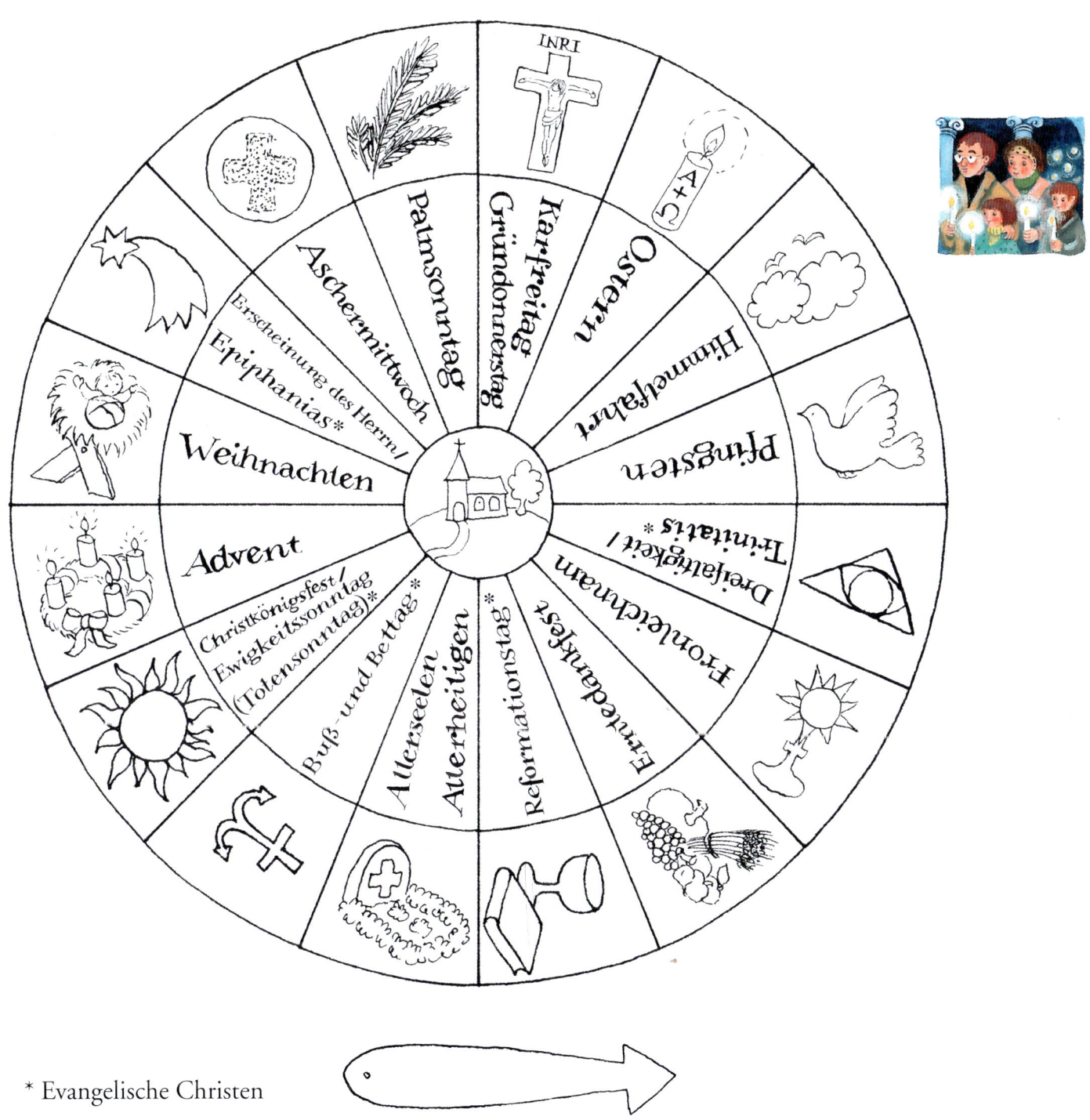

* Evangelische Christen